AF329298

DE L'INTERPRÉTATION

DE S. REMI A CLOVIS.

Malgré les rapports fréquents et intimes que saint Remi eut avec Clovis, il ne nous reste que deux lettres de ce prélat au roi des Francs. La première, dans l'ordre selon lequel on les donne généralement, est la lettre de condoléance qu'il lui adressa, quelque temps après son baptême, à l'occasion de la mort de sa sœur Alboflède, et dont Grégoire de Tours a reproduit, avec quelques différences, le commencement [1]. La seconde est ainsi conçue :

« Domino insigni et meritis magnifico Chlodoveo regi, Remigius
« episcopus.

« Rumor ad nos magnus pervenit administrationem vos secun-
« dum [2] rei bellicæ suscepisse. Non est novum ut cœperis esse sicut
« parentes tui semper fuerunt. Hoc in primis agendum, ut Domini
« judicium a te non vacillet, ubi tui meriti, qui per industriam humi-
« litatis tuæ ad summum culminis pervenit : quia, quod vulgus dici-
« tur, ex fine actus hominis probatur. Consiliarios tibi adhibere debes,
« qui famam tuam possint ornare; et beneficium tuum castum et
« honestum esse debet, et sacerdotibus tuis honorem debebis deferre,
« et ad eorum consilia semper recurrere. Quod si tibi bene cum illis
« convenerit, provincia tua melius potest constare. Cives tuos erige,
« afflictos releva, viduas fove, orphanos nutri, si potius est quam eru-
« dies, ut omnes te ament et timeant. Justitia ex ore vestro procedat;
« nihil sit sperandum de pauperibus vel peregrinis, ne magis dona
« aut aliquid accipere velis. Prætorium tuum omnibus pateat, ut

1. *Hist. eccl. Francorum*, II, 31
2. Al. *secundam*.

« nullus exinde tristis abscedat. Paternas quascumque opes possides,
« captivos exinde liberabis, et a jugo servitutis absolves. Si quis in
« conspectu vestro venerit, peregrinum se esse non sentiat. Cum ju-
« venibus joca, cum senibus tracta, si vis regnare, nobilis judicari [1]. »

La plupart des historiens ont assigné à cette lettre la date de
507, et ont vu dans sa teneur une ligne de conduite tracée par
l'évêque de Reims à Clovis pour la guerre qui s'engageait contre
les Visigoths. Parmi ceux de notre époque, je n'en citerai que
deux, dont les paroles résument assez bien l'opinion généralement reçue à cet égard. M. Fauriel s'exprime ainsi :

« Saint Remi, qui, par suite de la bonne fortune qu'il avait
eue de baptiser Clovis, était devenu son conseiller politique
et le représentant auprès de lui de tout le clergé catholique,
saint Remi, qui prétendait assurer à ce clergé la direction aussi
bien que les fruits d'une guerre contre l'arianisme, écrivait alors
à Clovis une lettre dont quelques traits allaient assez naïve-
ment au fond des choses : « Tu dois, lui disait le politique
« évêque, te donner des conseillers qui puissent orner ta renom-
« mée, etc. [2]. »

« Le roi des Francs, disent MM. Guadet et Taranne, paraît
avoir été dirigé, dans cette guerre, par saint Remi, évêque
de Reims. Cet évêque lui donne des instructions précises sur ce
qu'il doit faire et sur ce qu'il doit éviter [3]. »

Antérieurement, Dom Bouquet, Dom Ruinart et d'autres, comme
on le verra tout à l'heure, ont attribué à ce document la même
date et le même objet, sans toutefois en tirer une conséquence
défavorable à saint Remi.

Cette interprétation presque unanime (car il ne se rencontre
que trois voix dissonantes, dont je parlerai) paraît reposer sur
deux fondements : les sources d'après lesquelles la lettre a été
reproduite, et son texte lui-même, principalement sa première
phrase. Chacun de ces points demande à être examiné successivement ; car il semble, à première vue, que les conseils donnés
par saint Remi concernent plutôt l'administration intérieure que

1. Fréher, *Corpus francicæ historiæ*, p. 184.
2. Fauriel, *Hist. de la Gaule méridionale*, II, 55.
3. Édition de Grégoire de Tours, publiée par la Société de l'Histoire de France,
I, 247.

la direction d'une guerre quelconque [1]. Qu'on ne croie pas que je cherche ici à disculper un prélat d'une immixtion, qui serait singulière aujourd'hui, dans les affaires militaires. Dans un temps où l'évêque était une puissance administrative réelle, le *defensor* de la cité ou de la province, et dans une position aussi influente que celle où se trouvait saint Remi vis-à-vis du prince converti par lui, ce fait, s'il était réel, n'offrirait rien d'extraordinaire ni de blâmable. L'intérêt de la vérité historique est donc le seul qui puisse être en jeu dans cette question.

Les historiens modernes ont en général puisé la lettre de saint Remi dans la collection des historiens de la Gaule par Dom Bouquet. Elle y figure, en effet, telle qu'on vient de la lire, mais avec ce titre en plus :

« *Epistola sancti Remigii ad Clodoveum* ANTE BELLUM GOTHICUM, QUA HORTATUR EUM UT SACERDOTES CONSULAT. AN. 507 [2]. »

Où Dom Bouquet a-t-il pris cette indication ? Il annonce qu'il a emprunté le texte à Duchesne. Celui-ci, pourtant, à l'endroit cité, ne donne pas d'autre explication ni d'autre titre que la suscription : *Domino insigni*, etc. [3]. Ce n'est donc pas là que le premier a pu trouver la base de son affirmation : ou il l'a tirée de son propre fonds, ou il a cru devoir se ranger à une opinion déjà répandue, sans en mentionner la source.

Le volume de Dom Bouquet parut en 1741. Celui de Duchesne est de 1636. Dans l'intervalle, en effet, plusieurs auteurs avaient déjà voulu préciser ainsi le but et la date de la lettre de saint Remi. Dom Ruinart est sans doute celui qu'aura suivi Dom Bouquet; car c'est à lui qu'il emprunte également le texte de l'Histoire des Francs, de Grégoire de Tours, et c'est dans l'appendice même de son édition de Grégoire que Ruinart donne la lettre. Or à cette lettre Ruinart ne met aucun titre; mais il s'appuie sur elle pour ajouter au chapitre de l'Histoire des Francs qui raconte la guerre des Visigoths une remarque, portant que l'évêque de Reims, au moment où l'expédition se préparait, aver-

---

1. C'est l'assertion que j'avais émise dans un précédent travail (*De l'autorité de Grégoire de Tours*, p. 57), mais sans y pouvoir joindre, comme je le fais ici, les développements propres à l'appuyer.

2. D. Bouquet, IV, 51.

3. *Historiæ Francorum scriptores*, I, 847.

ût le roi d'épargner les biens de l'Église [1]. Il n'indique pas néanmoins s'il emprunte cette interprétation à un ouvrage antérieur.

Avant son édition, qui est de 1699, la même date se retrouve dans les *Sacrosancta Concilia*, de Labbe et Cossart, publiés en 1671 [2]. Ces auteurs se réfèrent au P. Sirmond, qui, effectivement, dans ses *Concilia Galliæ*, insère la lettre avec le même titre qu'eux :

« *Remigii episcopi Remorum epistola secunda ad Clodoveum regem*, HORTATORIA, CUM REX AD BELLUM GOTHICUM SE ACCINGERET [3]. »

Le P. Longueval, en traduisant la même pièce, cite pareillement Sirmond [4]. Mais celui-ci ne s'appuie plus sur aucune autorité, et la filière s'arrête là. Sa publication est de l'année 1629 : voilà donc le plus ancien exemple de la date de 507 assignée à la lettre de saint Remi. Auparavant, ce document n'était connu que par l'édition de Fréher, à qui Duchesne déclare l'avoir emprunté [5]. Marquard Fréher, qui était conseiller de Jean-Casimir, prince Palatin, avait eu à sa disposition un grand nombre de pièces inédites, entre autres un vieux manuscrit de la bibliothèque Palatine, dont il parle, et sur lequel il transcrivit un recueil de lettres intéressant l'histoire de France : c'est dans ce recueil, imprimé à Hanovre, en 1613, que se trouvent les deux lettres de saint Remi à Clovis ; c'est alors qu'elles virent le jour pour la première fois [6]. Les érudits acceptèrent de confiance les textes édités par Fréher : la disparition des manuscrits ne permet plus de contrôler aujourd'hui la fidélité de leur reproduction. Mais Fréher, et cela suffit dans la question présente, ne fait, comme Duchesne, aucune allusion à l'an 507 et à la guerre des Visigoths : il donne la lettre de saint Remi purement et simplement avec sa suscription, telle que je l'ai transcrite plus haut d'après son édition même.

---

1. *Greg. Tur. opera*, col. 95 et 1326.

2. *Sacr. concil.*, t. IV, col. 1402.

3. Sirmond, *Concilia Galliæ*, I, 175.

4. Hist. de l'Église gallicane, éd. en 1730, II, 286.

5. Fréher. *Corpus francicæ historiæ*, p. 184. Duchesne, *Hist. Franc. scriptores*, I, 847.

6. « *Epistolæ Francicæ... nunc primum editæ a vetustissimo codice Nazariano in Bibliotheca Palatina.* » Fréher, ibid., 182.

Ainsi, à force de remonter aux sources, on arrive à se convaincre que l'origine de l'opinion qui prête à saint Remi des instructions précises pour la guerre des Visigoths n'a sa raison d'être dans aucun texte, si ce n'est dans une ligne de titre ajoutée après coup à ce document par des éditeurs secondaires et tertiaires, sans être légitimée par un seul mot du premier éditeur, seule autorité à peu près sûre en cette matière, puisque seul il a été en possession du manuscrit. Pour appuyer cette opinion, on citera Dom Bouquet, qui suit Dom Ruinart et cite Duchesne, quoique celui-ci n'en parle pas, ou bien, en remontant par une autre filière, on citera Labbe ou Longueval, qui citent Sirmond, qui ne cite personne. Mais Sirmond n'a pu puiser que dans Fréher, et Fréher est complétement muet sur le point en question. Sirmond doit donc en définitive, en raison de sa priorité, endosser la responsabilité d'une hypothèse que ses successeurs semblent avoir, sans réflexion et de confiance, adoptée pour une réalité.

L'induction a suffi, dira-t-on, pour autoriser ces différents éditeurs à rattacher la lettre de saint Remi à la conquête de la Gaule méridionale par Clovis. Ils l'ont fait précéder du titre qu'ils jugeaient le plus propre à indiquer son contenu, sans avoir la prétention de le rendre inhérent à la pièce. Soit; ils ont raisonné sur le texte lui-même, et les historiens plus modernes qui se sont modelés sur eux l'ont fait en toute connaissance de cause, après avoir examiné de leurs propres yeux le document. Étudions donc ce texte et l'interprétation qu'ils en ont donnée.

La première phrase est la seule qui contienne une allusion positive aux affaires de la guerre : « *Rumor ad nos magnus pervenit,* ADMINISTRATIONEM VOS SECUNDAM (OU SECUNDUM) REI BELLICÆ SUSCEPISSE. » Ce qu'on traduit d'ordinaire ainsi : « Une grande nouvelle est parvenue jusqu'à moi; *vous avez entrepris une seconde expédition militaire,* » ou bien « vous avez pris les armes pour la seconde fois. »

Mais d'abord, qu'y aurait-il eu d'extraordinaire à ce que Clovis entreprît une nouvelle guerre, lorsque les Francs n'étaient encore qu'une armée et leur roi qu'un chef de soldats ? Qu'y aurait-il eu là d'extraordinaire surtout pour l'évêque de Reims, qui était dans les conseils du prince et dans son intimité, et qui, de plus, avait été consulté spécialement par lui au sujet de l'expédition méditée contre Alaric[1]? Si Clovis lui avait fait part de son projet, il ne pouvait en être informé par la renommée, ni en être surpris comme d'une grande nouvelle.

Administratio rei bellicæ a-t-il signifié quelquefois *expédition?* Justin a dit *administratio rerum* pour *conduite des affaires.* Cicéron a dit *administratio belli* pour direction de la guerre, et *administrator belli gerendi* pour *chargé de la conduite de la guerre.* On ne rencontre, dans la bonne latinité comme dans la basse, aucun exemple de ce terme pris dans l'acception de campagne militaire proprement dite[2].

Quant au mot *secundam* ou *secundum,* peut-il se traduire ici par *deuxième* et désigner la guerre des Visigoths, quand celle-ci était la quatrième ou cinquième qu'entreprenait le roi franc? N'avait-il pas fait précédemment la guerre contre les Romains, la guerre contre les Allemands, la guerre contre les Bourguignons, sans compter les guerres inconnues aujourd'hui contre les Thuringiens et les Bretons? De quelque événement que l'on fasse partir son règne, de son élévation sur le pavois à la mort de Childéric, ou de sa victoire sur Syagrius, ou même de son baptême, on ne peut compter son expédition contre Alaric pour la seconde.

Mais la suite va peut-être nous éclairer : « Ce n'est pas chose « nouvelle que vous soyez ce que vos pères ont été. » Qu'auraient été les pères de Clovis, dans la pensée de l'évêque? Belliqueux, avides de butin, suivant le sens où les historiens se sont engagés. Saint Remi aurait-il donc rappelé un souvenir si inopportun, adressé une comparaison aussi boiteuse au prince qui partait pour combattre les Visigoths ariens occupant la Gaule catholique? Qu'y avait-il de commun, à ses yeux, entre les précédents chefs des Francs, adversaires des Romains et des chrétiens, et leur descendant devenu le protecteur de ces derniers? Un mauvais compliment de ce genre serait fort étranger au langage tenu habituellement par le pontife à Clovis.

Le reste de l'épître semble fait pour enlever à une telle interprétation la vraisemblance qu'elle pourrait conserver encore :

« Ce que vous avez à faire dès ce moment, c'est de ne pas « vous écarter des vues du Seigneur, qui a récompensé votre hu« milité en vous élevant au faîte suprême[3] ; car, comme le dit le

1. *Vita S. Remigii.* Boll., octob., I, 154.
2. V. Du Cange, aux mots *Administratio, Administrator,* etc.
3. Je traduis seulement, comme on le fait d'habitude, le sens général de cette

« vulgaire, les actions de l'homme se jugent par leurs résultats.
« Vous devez vous entourer de conseillers capables de faire hon-
« neur à votre renommée... honorer vos prêtres, pour que votre
« gouvernement soit plus stable... secourir les veuves, nourrir les
« orphelins, apprendre à tous à vous aimer et à vous craindre...
« ne rien attendre des pauvres ni des étrangers, n'accepter aucun
« don [1], ouvrir à tout le monde votre prétoire, employer votre
« patrimoine à délivrer des captifs... jouer avec la jeunesse, mais
« traiter les affaires avec les vieillards. »

De tels avis conviennent-ils à un prince prêt à entrer en campagne, et même déjà lancé (*suscepisse administrationem*) dans
une entreprise pleine de hasards et de périls? Ou n'ont-ils pas
rapport à l'exercice de la justice, au gouvernement intérieur du
royaume? En un mot, sont-ce des instructions pour la guerre ou
pour la paix? Lorsque Clovis consulta saint Remi sur l'expédition qu'il allait tenter contre les Visigoths, l'évêque, nous dit son
biographe, lui promit la victoire [2]. La présente lettre non-seu-
lement ne contient rien de semblable, mais ne fait aucune allusion aux éventualités d'une expédition militaire. On a voulu
voir une réponse à cette lettre dans celle que le roi franc écrivit
après sa conquête aux évêques de la Gaule, et qui est annexée aux
actes du concile d'Orléans [3]. Ce dernier document, trop long
pour être reproduit ici, mais qu'on peut lire dans mainte collection, parle des ordres donnés par Clovis pour épargner les églises
durant la campagne, de la générosité du vainqueur envers les
prisonniers de guerre. Mais cette protection des établissements
religieux, l'évêque de Reims la demande-t-il dans sa lettre? Sans

---

phrase : car le texte renferme un non-sens provenant sans doute d'une mauvaise lec-
ture de Fréher ou d'une altération du manuscrit. Les Bollandistes proposent de le
restituer ainsi : « Ut Domini judicium a te non vacillet, *et a tuo exercitu* (au lieu de
ubi tui meriti), qui per industriam humilitatis tuæ ad summum culminis pervenit. » *Acta sanctorum Octob.*, I, 91.

1. Ce conseil rappelle celui que donnait à saint Louis le sire de Joinville, lui re-
prochant en riant d'avoir écouté avec plus de faveur l'abbé de Cluny parce qu'il en
avait reçu deux palefrois : « Deffendés à tout vostre conseil juré, quand vous venrez
en France, que il ne preingnent de ceulz qui auront à besoigner par devant vous; car
soiés certein, se il prennent, il en escouteront plus volentiers et plus diligentement
ceulz qui leur donront. » Joinville, éd. *Histor. de la France*, XX, 288.

2. *Vita s. Remigii.* Boll., Octob., I, 154.

3. V. entre autres dom Ruinart (*Greg. Tur. opera*, col. 95), Guadet et Taranne
(édition de l'Histoire des Francs, I, 247), etc.

doute il en fit l'objet de ses recommandations au roi (c'est là peut-être ce que M. Fauriel appelle « s'assurer les fruits de la guerre ») : toutefois, il n'en dit rien ici. Il veut même que Clovis ait recours à ses conseillers francs (*seniores*) aussi bien qu'aux prêtres ; il plaide la cause du peuple autant que celle du clergé ; par conséquent c'est à d'autres admonitions que répond le roi, qui, d'ailleurs, ne s'adresse pas à saint Remi, mais à tout le corps épiscopal. Le conseil de s'occuper d'une manière générale de la délivrance des prisonniers au moyen des richesses paternelles, c'est-à-dire par voie de rachat, ne saurait constituer entre les deux lettres un rapport assez direct pour que la seconde doive être considérée, sur ce seul indice, comme une réponse à la première. Et lors même qu'on admettrait cette parenté étroite des deux documents, il s'ensuivrait uniquement que l'épître de Clovis aux évêques est postérieure à celle de saint Remi : la date précise de cette dernière ne serait nullement démontrée par là, ni, à plus forte raison, sa connexité avec la guerre des Visigoths.

On vient de voir les difficultés qui s'opposent à l'interprétation la plus commune de la lettre de saint Remi. Deux érudits de grand mérite, en ayant été frappés, ont cru devoir proposer et développer un sens tout différent. L'abbé Dubos en fit l'une des bases de son ingénieux système, consistant à nier la conquête violente de la Gaule par les Francs, et à attribuer l'agrandissement du pouvoir de leur chef à des concessions bénévoles octroyées successivement par les empereurs d'Orient[1]. De nos jours, M. de Pétigny a repris en partie ses arguments, et expliqué comme lui la pièce dont il s'agit[2]. Après avoir induit de ses propres raisonnements que Childéric, père de Clovis, avait été revêtu de la dignité de maître des milices romaines[3], Dubos ajoute plus loin :

« La même puissance qui avait conféré au père cette dignité la conféra ensuite au fils, et Clovis, qui ne fit point de difficulté d'accepter à quarante-deux ans le consulat auquel l'empereur Anastase le nomma pour lors, peut bien aussi avoir accepté,

---

1. Dubos, *Histoire critique de l'établissement de la monarchie française*, 1742, I, 620 et suiv.

2. De Pétigny, *Études sur l'histoire, les lois et les institutions de l'époque mérovingienne*, 1844, II, 361 et suiv.

3. Dubos, *ibid.*, 610, 611.

encore adolescent, le généralat que l'empereur Zénon ou les
Romains des Gaules lui auront conféré. Quoi qu'il en soit, il est
toujours certain que Clovis, quand il était encore dans sa première jeunesse, et par conséquent peu de temps après la mort
de son père, lui succéda dans un emploi que ce père avait eu
au service d'un autre prince, et qui donnait l'administration des
affaires de la guerre[1]... »

Pour étayer cette hypothèse, Dubos cite le texte qu'on se
serait le moins attendu à voir figurer là, l'épître de saint Remi,
dont il traduit ainsi le commencement :

« Nous apprenons de la renommée *que vous vous êtes chargé
de l'administration des affaires de la guerre*, et je ne suis pas
surpris de vous voir être ce que vos pères ont été[2]. »

On pourrait objecter immédiatement que, si Clovis s'est chargé
lui-même de cette fonction (Dubos n'a pas pu éviter le mot
suscepisse comme il évite le mot *secundum*), il n'y a pas été ap-
pelé par un rescrit impérial, dont on ne retrouve d'ailleurs
aucun vestige. Mais le savant historien heurte une barrière plus
résistante dans le second membre de phrase : « *Sicut parentes
tui* SEMPER *fuerunt,* » dit la lettre. Faudrait-il faire remonter la
dignité en question au-delà de Childéric, et en gratifier plusieurs
générations des ancêtres de Clovis, qui ont à peine mis le pied
dans la Gaule, et dont les noms ne sont pas même parvenus à la
postérité? On peut ne pas pousser aussi loin la conséquence.
« Peut-être, dit Dubos, que Mérovée avait exercé le même emploi[3]. » Il s'arrête à Mérovée; mais l'assertion est déjà assez
hardie.

« Il s'agit maintenant, traduit encore le même auteur, de ré-
pondre aux vues de la Providence, qui récompense votre *modéra-
tion* (lisez *humilitatem*), en vous élevant à une *dignité si émi-
nente* (*ad summum culminis*)... Ne faites point d'*exactions* dans
votre *bénéfice militaire* (*beneficium tuum honestum et castum*)...
Tant que vous vivrez en bonne intelligence avec les évêques,
vous trouverez toute sorte de facilité dans l'exercice de votre
emploi (*provincia*). Faites du bien à ceux qui sont *de la même
nation que vous* (*cives tuos*), » etc.

1. Dubos, *ibid.*, p. 620, 621.
2. *Ibid.*, p. 622.
3. *Ibid.*, p. 623.

Ainsi l'amour de son système, la nécessité de concilier avec lui chaque parole de saint Remi, va jusqu'à faire dénaturer à un écrivain érudit le sens des termes les plus clairs. Voilà le conquérant barbare réduit à l'état d'*employé* de la cour de Constantinople. Il n'est plus possesseur que d'un *bénéfice militaire,* c'est-à-dire « d'une certaine étendue de terres que les empereurs donnaient aux soldats et officiers pour leur tenir lieu de solde et de récompense [1]. » La *provincia,* qui a signifié quelquefois un gouvernement, devient une fonction. Les *cives,* enfin, comme le remarque judicieusement M. de Pétigny, se séparant ici de son devancier, sont pris à tort pour les compatriotes de Clovis. « Jamais un auteur latin n'a appliqué le nom de citoyen à un barbare. Il s'agit donc des citoyens romains domiciliés dans le territoire où Childéric avait commandé [2]. »

Il serait superflu de faire remarquer en outre que tous les conseils de l'évêque de Reims à Clovis supposent un prince entièrement indépendant, et que, dans l'hypothèse contraire, il n'aurait pas manqué de lui recommander le dévouement à l'empire, la fidélité aux devoirs de sa charge. Laissons donc l'abbé Dubos s'enfoncer à perte de vue dans la fausse route où il s'est engagé. Aussi bien, la dignité de maître des milices conférée par Zénon eût été pour Clovis moins précieuse qu'il ne se l'imagine, et le chef des Saliens s'en serait fort bien passé pour régner sur la Gaule : les milices gallo-romaines n'attendaient pas l'ordre de l'empereur d'Orient pour se joindre à ses guerriers et passer à son service, tout en conservant leur organisation [3]. Le consulat ou patriciat auquel l'aurait promu Anastase, et sur lequel on a tant disserté, était lui-même un titre honorifique, bon pour lui donner, non une augmentation de pouvoir, mais tout au plus un certain prestige sur les populations gallo-romaines, attachées encore aux usages impériaux : ce qui le prouve, c'est qu'après avoir été revêtu de ce titre, il ne fit aucun acte indiquant une autorité nouvelle. La concession d'une pareille distinction flattait tout autant l'amour-propre de l'empereur que celui de Clovis; car le premier pouvait se persuader par là qu'il conservait en Gaule une sorte de suzeraineté. Au reste, Grégoire de Tours, après avoir

1. Dubos, *ibid*.
2. De Pétigny, *op. cit.*, II, 364.
3. V. Procope, I, 12 ; Boutaric, *Institutions militaires de la France,* p. 51.

parlé des lettres de nomination envoyées au roi des Francs, ne dit pas formellement, comme on l'a quelquefois compris, que ce prince porta depuis le titre et les insignes de consul, mais simplement qu'il fut réputé ou considéré comme consul ou auguste[1]. Toutes ces dignités d'un régime déchu avaient déjà bien perdu de leur prix au début du sixième siècle. Les derniers débris de l'empire s'écroulaient vermoulus; la monarchie franque était née, et le roi ne relevait plus, en fait, d'aucun potentat étranger.

M. de Pétigny n'est pas allé aussi loin que Dubos dans le développement de sa théorie, ni dans ses commentaires sur la lettre de l'évêque de Reims. Il s'est contenté de placer ce document au commencement du règne de Clovis. Il y voit une sorte de félicitation d'avénement, écrite par un personnage influent et lié au jeune prince. « C'est un père qui parle à son fils, un maître instruisant son élève[2]. » Il suit fidèlement, néanmoins, l'interprétation de Dubos : « On nous annonce que *vous avez pris heureusement l'administration des affaires militaires.* Il n'est pas étonnant que vous commenciez à être ce que vos pères ont toujours été, » etc. « Certes, ajoute-t-il, il est impossible d'indiquer plus clairement la dignité de maître des milices, et de mieux constater sa transmission héréditaire[3]. » On pourrait cependant, sans être trop exigeant, demander une indication plus précise.

A l'époque désignée par M. de Pétigny, Clovis était païen. Que signifie donc la recommandation d'honorer ses prêtres? Il ne peut être question de prêtres des Francs : M. de Pétigny a montré lui-même qu'il n'en existait point. Aussi donne-t-il avec raison cette explication : « Il est évident que le pieux évêque n'aurait pas exhorté Clovis à honorer les prêtres païens et à suivre leurs conseils; il voulait donc parler du clergé chrétien, et à cette époque, comme dans le temps de la primitive Église, le mot *sacerdos* ne s'appliquait point aux simples prêtres : c'était un titre réservé aux évêques[4]. » Adoptons cette traduction, qui est juste. Voici ce qui va en résulter pour le système du savant auteur : au moment où il place cette lettre, c'est-à-dire à l'avénement de

---

1. « Et ab ea die *tanquam* consul aut augustus est *vocitatus* (*Hist. Franc.*, II, 38). » C'est Hincmar qui, le premier, a exagéré le sens, en reproduisant ainsi la phrase : « Et ab ea die *consul et augustus est appellatus.* » (*Vit. S. Remigii*, ch. VII.)

2. De Pétigny. *op. cit.*, II, 364.

3. *Ibid.*

4. *Ibid.*

Clovis, les Francs ne possédaient qu'un territoire assez restreint, situé au-delà de la Somme, et dont les limites sont à peu près fixées ; or, dans ce territoire, comme dans toute la région du nord en dehors des provinces romaines, il n'y avait alors ni diocèses ni évêques. Les évêchés du pays furent créés ou rétablis, après la mort de Ragnacaire, Chararic et autres chefs païens, par saint Vast, par Antimundus et par d'autres disciples de saint Remi [1]. M. de Pétigny en convient lui-même. Mais alors comment concilier ses différents raisonnements ? Pour le faire, on serait réduit à supposer au roi franc une juridiction quelconque sur le clergé d'une contrée qui ne lui appartenait pas encore, puisque les mots *sacerdotibus tuis* sont formels, et qu'ils ne sauraient vouloir dire *des prêtres de votre nation*.

Pourquoi donc échafauder tant d'hypothèses et d'explications inadmissibles sur un texte aussi simple, et dont la signification aurait dû être fixée depuis longtemps ? Par l'invraisemblance de la date de 507 et d'un rapport quelconque avec la guerre des Visigoths, par l'impossibilité des interprétations de l'abbé Dubos et de M. de Pétigny, on est amené naturellement à chercher à la lettre de saint Remi une troisième époque et un troisième objet. Ce nouveau sens ne me semble pas douteux, et j'avoucrai qu'il s'est imposé à moi dès le premier examen.

Par un notable progrès sur les traductions antérieures, M. de Pétigny a rendu le mot *secundam* ou *secundum* par *heureusement*. *Secundus*, en effet, était si fréquemment employé avec cette acception dans la basse latinité, qu'il a produit le substantif *secunditas*, que Du Cange explique par *felicitas, prosperitas* [2]. Puisque le premier sens de ce terme, celui de deuxième, est exclu par les considérations qui précèdent, celui-ci se présente seul, et l'amphibologie disparaît [3]. Quant au mot *suscepisse*, s'il signifie parfois entreprendre, il est aussi pris pour concevoir ou recevoir (*suscipere gaudium*), c'est-à-dire qu'il exprime, pour le moins aussi souvent, un résultat indépendant de la volonté. Ainsi, l'évêque de Reims dit, en commençant, à Clovis : « Un grand bruit vient de

---

1. Boll. Octob., I, 98, 99. *Comment. in vit. S. Remigii.*

2. Du Cange, au mot *Secunditas.*

3. Si l'on adopte la leçon *secundum*, il faut y voir un équivalent du mot de la bonne latinité *secunde*. Si l'on préfère *secundam*, le sens est encore plus clair.

parvenir jusqu'à nous : *vous avez dirigé avec succès la guerre* (la conduite de la guerre vous a donné pour résultat la victoire). »

« Il n'est pas étonnant que vous soyez dès à présent ce que vos pères ont été. » Cette phrase devient alors un compliment motivé, et non des plus mal tournés : « Vous tenez de famille, la bravoure de vos pères n'a pas dégénéré en vous. » Quoi de plus naturel dans la bouche d'un homme qui a toujours fait l'éloge de Clovis ?

« Ce qui vous reste à faire maintenant, c'est de ne point vous écarter des vues du Seigneur, qui a récompensé votre humilité en vous élevant au faîte suprême; car, comme le dit le vulgaire, *l'œuvre de l'homme se juge par ses fruits.* » Évidemment, Clovis a remporté un avantage qui l'a considérablement grandi, et l'Église en attend le résultat, la manière dont il usera de son triomphe. Telle est la situation, que la suite du texte dessine encore mieux. Toutes ces recommandations, qu'il est inutile de transcrire une fois de plus, portant sur les conseillers à choisir, la manière de traiter les affaires, l'accès facile du prétoire, concernant en un mot, pour employer une expression administrative moderne, le département de l'intérieur, ne s'appliquent-elles pas à merveille à un prince qui a de nouveaux sujets, de nouveaux devoirs, et une puissance récemment conquise? M. de Pétigny n'avait-il pas raison d'y voir des instructions paternelles, au lieu du plan de campagne ou des leçons intéressées imaginés par Fauriel et d'autres historiens? Est-il assez prouvé, enfin, que ce monument épistolaire a été composé à la suite d'une guerre de Clovis, et non à son début?

Il resterait à déterminer quelle est l'expédition ou quelle est la victoire (car c'est tout un lorsqu'il s'agit des guerres de Clovis) dont la pièce discutée a été un des résultats. Les Bollandistes, c'est-à-dire le P. Suysken, auteur du commentaire sur la vie de saint Remi inséré dans leur collection, après avoir proposé une version du mot *secundam* analogue à celle qui vient d'être admise, se contente d'exprimer cette opinion que le prélat peut avoir écrit sa lettre aussi bien après qu'avant la bataille de Vouillé [1]. Cette thèse pourrait peut-être se soutenir mieux que les précédentes. Toutefois, il me semble qu'il vaut mieux chercher une date antérieure. Indépendamment du ton général, qui semble indiquer un prince

---

1. *Acta sanctorum Octob.*, I, 91.

inexpérimenté et presque novice, comme l'avaient observé Dubos et M. de Pétigny, certaines expressions s'adresseraient plutôt à un jeune homme qu'à un roi d'un âge mûr et d'un caractère grave. Par exemple, le saint évêque l'engage à s'amuser avec les jeunes gens, mais à s'entretenir d'affaires sérieuses avec les vieillards. Il est probable, en outre, qu'il n'aurait pas attendu si tard pour lui donner des avis qui importaient tant au succès et à la consolidation de son gouvernement. Clovis avait, en 507, quarante-et-un ans. Après la soumission des Bretons, que l'on place communément en 502, ou après la défaite de Gondebaud, en 500, il n'était déjà plus dans la première jeunesse. Ces deux victoires, d'ailleurs, ne lui apportèrent ni *citoyens* à gouverner ni *province* à administrer. Il n'en est qu'une seule, hormis celle de Vouillé, qui réunisse ces différentes conditions. Pour la trouver, il faut remonter jusqu'à l'époque de la conquête du nord de la Gaule.

Clovis n'était pas baptisé alors : mais son intimité déjà étroite avec l'évêque de Reims, sa déférence déjà entière pour ses avis et pour le clergé catholique en général [1], le désir, déjà nourri par un grand nombre, de passer sous sa domination, désir qui ne provenait que d'une tendance marquée de sa part à embrasser l'orthodoxie, tout cela en faisait un chrétien à l'avance. On peut même ne considérer le vœu de Tolbiac que comme l'occasion ou l'incident qui détermina non pas sa conversion, opérée sans doute au fond de son cœur depuis assez longtemps, mais son baptême, cérémonie qui, on le sait, n'avait souvent lieu, dans les premiers siècles de l'Église, qu'après des délais, des épreuves et de mûres réflexions. Saint Remi pouvait donc dès lors lui parler comme à un néophyte. Mais il n'est pas même besoin de recourir à cette explication. Aucun trait de la lettre ne donne formellement au roi franc la qualité de chrétien. Le seul passage qui pourrait la lui faire attribuer est celui-ci : « *Sacerdotibus tuis* honorem debebis deferre. » Or on a vu, d'après la remarque de M. de Pétigny, que cette expression désignait l'épiscopat gallo-romain du pays nouvellement soumis aux Francs, de même que *cives tuos*, un peu plus bas, s'applique aux citoyens gallo-romains de la même région. Cette traduction ne rencontre plus la même difficulté que dans le système de l'auteur

1. V. dans dom Bouquet (IV, 49) la lettre que lui écrit saint Avit, évêque de Vienne, en 496 : « Humilitatem *jamdudum* nobis devotione impendilis, etc. ; » et la vie de saint Remi (ibid., p. 374).

des *Études sur les institutions mérovingiennes*; car, en 481, à son avénement, Clovis n'avait pas d'évêques dans son territoire; mais à partir de 486, une fois maître de la Gaule jusqu'à la Seine, il en comptait un bon nombre, et dès lors il n'y a plus rien que de très-naturel dans la recommandation qui lui est faite en faveur de *ses* pontifes, de *ses* citoyens, c'est-à-dire des pontifes et des citoyens sous sa dépendance, ce qui formait la masse de ses nouveaux sujets. Saint Remi, enfin, ne lui prêche à l'égard de ce haut clergé que la déférence, attitude qui convenait très-bien, dans son esprit, à un prince païen régnant sur une terre chrétienne; et s'il y ajoute le conseil de recourir à leurs lumières pour la bonne administration du pays, c'est que ces prélats étaient eux-mêmes des espèces de gouverneurs de leurs diocèses, qu'ils avaient l'expérience et la clef des affaires.

En résumé, c'est après la bataille de Soissons, en 486, que Clovis est devenu, par les armes, le maître d'une province romaine (*administrationem secundam rei bellicæ... provincia tua*), qu'il a été élevé, aux yeux de l'évêque de Reims, au faîte suprême (*ad summum culminis*), et que son avénement a réellement eu lieu pour les Gallo-Romains du nord, qu'il a eu à partager avec des évêques le soin du gouvernement, à relever des citoyens (*cives tuos erige*), c'est-à-dire à les traiter favorablement et sur le même pied que les Francs ses compagnons, — sens littéral du mot *erige*, que ne pouvaient préciser les auteurs des autres systèmes, — à soulager une foule d'orphelins et de veuves, à rendre la justice au peuple suivant les habitudes romaines (*prætorium tuum omnibus pateat*), à montrer, en un mot, qu'il savait user de son triomphe (*ex fine actus hominis probatur*) : toute la lettre est là. Ces graves et fermes admonitions lui étaient adressées par un des pontifes les plus autorisés, les plus puissants sur lui, pour le prémunir contre l'ivresse d'une victoire qui lui livrait un véritable royaume, pour garantir aussi contre les excès des vainqueurs ces populations qui, lassées des exactions du régime romain, en étaient réduites à tourner les bras vers les moins appréhendés des barbares. C'est ici que l'évêque se montre réellement, à l'exemple de ceux dont la voix arrêtait les hordes d'Attila, le *defensor civitatis*. A qui douterait que l'influence de saint Remi sur Clovis pût remonter aussi haut, il suffirait de rappeler la célèbre anecdote du vase de Soissons, qui se rapporte à la même campagne.

Ainsi placée, la lettre entière s'accorde admirablement avec une phrase de la vie de saint Remi, qui semble y faire allusion et confirme tout le raisonnement précédent : « Bien que païens, y est-il dit, les Francs chérissaient le bienheureux évêque, sur le front duquel resplendissait la grâce céleste. Leur roi l'écoutait avec plaisir, et *se réglait souvent d'après les avis qu'il lui donnait, soit pour bien agir, soit pour s'abstenir du mal* [1]. »

Cette date et cette interprétation, si elles n'ont pas de preuves directes et matérielles en leur faveur, en ont une qui ne manque pas de valeur : c'est qu'elles permettent seules de concilier ensemble toutes les indications fournies par le texte, tandis que les autres présentent des impossibilités [2].

Quoi qu'il en soit, saint Remi, pour avoir guidé le roi des Francs dans la guerre des Visigoths, a été loué autrefois, blâmé de nos jours : éloges et blâmes, en tant qu'ils s'appuient sur le document qui vient d'être étudié en détail, sont également tombés à faux.

A. LECOY DE LA MARCHE.

1. D. Bouquet, III, 374. Instruction sur ce qu'il fallait faire et sur ce qu'il fallait éviter, telle est précisément, par une curieuse et fortuite coïncidence, la définition que donnent de la lettre MM. Guadet et Taranne, dans la note citée de leur édition de Grégoire de Tours.

2. On ne trouve que dans un Mémoire du duc de Nivernais sur l'*Indépendance de nos premiers rois*, écrit en 1746, la trace d'une opinion conforme à celle que nous venons d'émettre et de justifier au sujet de la lettre de saint Remi. L'auteur de ce Mémoire, sans entrer dans la discussion, et sans indiquer sur qui ni sur quoi il fonde sa manière de voir, s'exprime ainsi dans son ample réfutation du système de Dubos : « La phrase de saint Remi (la première) est très-claire, et elle indique un fait très-connu. Qui nous autorise à lui donner un sens très-détourné, pour lui faire contenir un autre fait, lequel n'est lui-même rapporté nulle part ailleurs ? Le fait qu'indique le compliment de l'évêque de Reims, c'est la première campagne de Clovis contre Syagrius. Elle fut heureuse; elle commença à faire regarder Clovis comme un conquérant, un voisin dangereux et important à ménager... Toute la lettre ne renferme que des avis sur la manière de gouverner un Etat. » (*Mém. de l'ancienne Académie des Inscr. et belles-lettres*, t. XX, p. 178-180.)

Et cependant le duc de Nivernais emprunte le texte de la lettre à Ruinart, qui, on l'a vu, attribue à celle-ci la date de 507. Ainsi, pour l'académicien du dix-huitième siècle, notre interprétation va de soi et s'impose tout naturellement : cette concordance ne lui donne que plus de force.

Paris. —Imprimerie de Ad. Lainé et J. Havard, rue des Saints-Pères, 19.